Ernst Ferstl

DENKWEGE

Aphorismen

*Veränderte Neuauflage
der in der Edition Va bene, Wien,
veröffentlichten Aphorismenbücher:*

1995: „Kurz und fündig"
1995: „einfach kompliziert einfach"
1996: „Unter der Oberfläche"

© 2018

Herstellung und Verlag: BoD – Books on
                            Demand, Norderstedt

Copyright Aphorismen: Ernst Ferstl
                            www.gedanken.at

Layout: Angelika Ferstl

ISBN: 9783752810042

Geschriebene Worte
sind wie Vögel,
die nicht mehr fliegen können.
Aber sie können imstande sein,
Menschen Flügel
wachsen zu lassen.

◅ ▻

Wer sich gerade
grün und blau ärgert,
kann wenigstens behaupten,
Farbe in sein Leben
bringen zu wollen.

◅ ▻

Steigerung:
gescheit
gescheiter
gescheitert

◅ ▻

Zufriedene
brauchen kein Glück.
Sie haben es bereits.

Es ist kaum zu glauben,
dass sich in einer Zeit,
in der sich augenscheinlich
alles ums Geld dreht,
die Erde sich noch immer
um die Sonne dreht.

◄ ►

Man gewöhnt sich an alles.
Je mehr Fehler man macht,
desto weniger stören sie einen.

◄ ►

Wenn Eltern ständig
verschiedene Masken tragen,
dürfen sie sich nicht wundern,
wenn ihre Kinder sie
für Narren halten.

◄ ►

An und für sich geht die Zeit
spurlos an uns vorüber.
Nur die Tage und Nächte
hinterlassen ihre Kratzer.

Gerade weil wir alle
in einem Boot sitzen,
sollten wir froh darüber sein,
dass nicht alle
auf unserer Seite stehen.

◅ ▻

Gefühle lassen sich nicht
in Worte kleiden.
Sie vertragen
keine Verkleidungen.

◅ ▻

Solange uns die Menschlichkeit
miteinander verbindet,
ist es völlig egal,
was uns trennt.

◅ ▻

Wer den Weg
des geringsten Widerstandes
geht, sollte sich nicht wundern,
wenn er zwar immer auf dem Weg ist,
aber nie zum Ziel kommt.

Der Weisheit letzter Schluss
ist sehr oft ein neuer Anfang.

◄ ►

Manche Menschen können
so erfrischend lügen,
dass einem der Durst
nach Wahrheit vergeht.

◄ ►

In der heutigen Zeit
können sogar Menschen,
die unter einem Dach leben,
Welten voneinander getrennt sein.

◄ ►

Ängstliche
können ihrem Leben
nicht viel abgewinnen,
weil sie ihre ganze Kraft
dafür einsetzen müssen,
nicht zu verlieren.

Auf der einen Seite
verlangen wir von unseren
Mitmenschen sehr viel.
Auf der anderen Seite
ist unser Verlangen nach ihnen
oft mehr als gering.

◅ ►

Der entscheidende Schritt
im Leben eines Menschen ist der Sprung
über den eigenen Schatten.

◅ ►

Unsere Welt hätte sicher
ein ganz anderes Gesicht,
wenn es nicht so viele Menschen
geben würde, die ihr Gesicht
bereits verloren haben.

◅ ►

Liebe Menschen sollte man nie
zu lange allein lassen.
Sie kommen sonst dadurch leicht
in schlechte Gesellschaft.

Die Chance,
uns wirklich kennen zu lernen,
kommt relativ selten,
weil wir uns relativ oft
aus dem Weg gehen.

◄ ►

Die Bibeln unserer Wegwerfgesellschaft
heißen Versandhauskataloge.

◄ ►

Wir lernen einen anderen Menschen
erst anders kennen,
wenn wir ihm die Möglichkeit geben,
anders sein zu dürfen.

◄ ►

Über uns hinauswachsen
sollten wir erst,
wenn wir tief genug in uns
verwurzelt sind.

Menschen, die einem
am Herzen liegen,
erkennt man auch daran,
dass sie einem
nicht aus dem Kopf gehen.

Es ist nicht schwer die Menschen
in gute und böse einzuteilen.
Schwierig wird es erst,
wenn man sich selber
zuordnen soll.

Der Fortschritt hat uns bereits
soweit vorwärtsgebracht,
dass wir überall anstehen.

Viele Menschen wissen gar nicht,
wo ihre Grenzen liegen.
Sie haben sie einfach
noch nie gesucht.

Es ist nicht schwer,
die Zeichen der Zeit zu erkennen.
Nur mit dem Entziffern
hapert es fürchterlich.

◅ ▻

Viele Zeitgenossen wissen nichts
von ihrer Doppelbegabung:
Sie haben sowohl die Gabe,
die Fehler ihrer Mitmenschen zu sehen –
als auch die Gabe,
die eigenen zu übersehen.

◅ ▻

Die Fragen von morgen
wachsen auf den Antworten von heute,
die wir auf die Fragen von gestern
gegeben haben.

◅ ▻

Uns Menschen
ist die Erde sicher -
diese vor uns weniger.

Manche spielen ihr ganzes Leben
mit dem Gedanken,
etwas Besonderes zu sein –
und merken nicht,
dass das nichts Besonderes ist.

◄ ►

Warum tun wir uns so leicht,
anderen Angst zu machen –
und so schwer,
ihnen die Angst zu nehmen?

◄ ►

Allzu oft endet
unsere Flucht vor einer Aufgabe
mit unserer Aufgabe.

◄ ►

Gefühle passen einfach nicht
in unsere Gesellschaft.
Sie lassen sich nicht
berechnen, einfrieren
und verkaufen.

Freundschaften
sollten wir hegen und pflegen.
Aber nicht erst,
wenn sie krank daniederliegen.

◄ ►

Zweifel sind meist nichts anderes
als bereits zu Grabe getragene
Hoffnungen.

◄ ►

Es ist viel besser,
sich etwas zu wünschen,
was man nicht hat –
als etwas zu haben,
was man sich nicht wünscht.

◄ ►

Im Großen und Ganzen
ist die heutige Welt
nicht mehr groß und ganz,
sondern vielmehr
klein und zerbrechlich.

Menschen mit einem Brett
vor dem Kopf
merken seltsamerweise
höchst selten,
dass sie sich
auf dem Holzweg befinden.

◄ ►

Wer keine Zeit hat,
dem läuft auch diese
noch davon.

◄ ►

Ein kurzes Gähnen
sagt mehr
als lange Worte.

◄ ►

Heutzutage kommen
die meisten Menschen
mit ihrem Auto bereits weiter
als wie mit ihrem Denken.

Man sollte von den Mitmenschen
immer nur das Beste annehmen.
Alles andere sollte man ihnen
lieber lassen.

◄ ►

Das große Dilemma der Schule ist,
dass sie zu viel Wert
auf das Auswendiglernen legt –
und zu wenig auf das inwendige
Lernen achtet.

◄ ►

Je öfter gewisse Leute
das Wort ergreifen,
desto weniger werden wir
von ihren Worten ergriffen.

◄ ►

Ein schwieriger Weg
macht ein Ziel
wertvoller.

Überall in der Welt
bricht so manches auseinander.
Nur bei uns nicht:
Da bricht lediglich so manches
zusammen.

In einer guten Beziehung
können die Partner sowohl
über alles ganz offen reden –
als auch über alles
ganz offen schweigen.

Weltbewegend ist nicht,
was wir Menschen bewegen,
sondern was uns Menschen
bewegt.

Wir brauchen viele Jahre,
bis wir verstehen,
wie kostbar Augenblicke
sein können.

Manche Gesprächspartner
verstecken sich so gut
hinter den Meinungen anderer,
dass man wirklich
nicht mehr weiß,
wer vor einem steht.

◄ ►

Die Liebe hat keinen Preis.
Trotzdem sollte uns für sie
kein Preis zu hoch sein.

◄ ►

Es ist erstaunlich,
was uns alles
durch den Kopf geht,
sobald wir bemerken,
dass wir ihn verloren haben.

◄ ►

Der Mond ist uns viel näher
als wir glauben.
Besonders seine dunkle Seite.

Spezialisten sind Menschen,
die über immer weniger
immer mehr wissen müssen.

⊲ ⊳

Unser Leben
ist ein ununterbrochener
Fortbildungskurs,
bei dem wir vor allem lernen,
wie wir es nicht machen sollten.

⊲ ⊳

Es ist gut, dass wir nicht wissen,
was unsere Welt zusammenhält.
Wir hätten sie sonst schon längst
auseinandergenommen.

⊲ ⊳

Wir brauchen dringend
neue, größere
und bessere Kläranlangen,
denn immer mehr Menschen
waschen ihre Hände
in Unschuld.

Das Rätsel des Lebens können wir nicht
durch das Ausfüllen des Rätsels lösen –
sondern nur durch das Ausfüllen
unseres Lebens.

◄ ►

Es hat keinen Sinn,
seinen Gedanken freien Lauf zu lassen,
wenn diese noch nicht Hand und Fuß haben.

◄ ►

Wer sich über das freut,
was er hat,
hat keine Zeit mehr,
über das zu klagen,
was er nicht hat.

◄ ►

Es ist wirklich unglaublich,
wie schnell sich heutzutage
die Menschen nahekommen.
Zumindest,
wenn sie mit ihren Autos
unterwegs sind.

Wir sollten unsere Probleme
nie so lange vor uns herschieben,
bis wir uns dadurch
jede Aussicht auf ihre Lösung
verstellt haben.

◄ ►

Es gibt immer noch
fähige Menschen.
Aber auch immer mehr,
die zu allem fähig sind.

◄ ►

Liebe ist Maßarbeit.
Sie passt nur den Menschen,
die ständig daran arbeiten.

◄ ►

Im Garten
der verdrängten
und unterdrückten Gefühle
wachsen die Neu-Rosen
besonders gut.

Schweigen verbindet.
Aber nur so lange,
bis irgendjemand
den Mund aufmacht.

◄ ►

Kleider machen Leute.
Aber zu unserem Glück
noch keine Menschen.

◄ ►

Der Glaube
an die Menschheit
kann Berge versetzen.
Der Glaube
an einen geliebten Menschen
sogar ganze Gebirgsketten.

◄ ►

Zufriedenheit ist das Salz
in der Suppe der Glücklichen.

Fröhliche Menschen
sind selten anzutreffende Exemplare
und sollten deshalb besonders
ernst genommen werden.

≪ ≫

Gute Freunde erkennt man daran,
dass sie absolut unbestechlich sind.
Sie nehmen nicht einmal
unsere gut gemeinten Ratschläge an.

≪ ≫

Wer den Glauben an die Zukunft
verloren hat,
findet auch in der Gegenwart
keinen Halt mehr.

≪ ≫

Menschen, die alles haben wollen
und alles haben müssen,
bekommen vor allem eines
immer wieder: nie genug.

Wir müssen
auf alles Mögliche verzichten,
wenn wir das Unmögliche
möglich machen wollen.

◄ ►

Auch wir sind Zeitgenossen
großer Dummköpfe.

◄ ►

Es gibt zu viele Flüchtlinge
sagen die Menschen.
Es gibt zu wenig Menschen,
sagen die Flüchtlinge.

◄ ►

Gerade Menschen,
die schweigen,
damit man sie
nicht falsch versteht,
werden mit Vorliebe
falsch verstanden.

In unserem Land geht es
allen Menschen blendend,
bis auf jene,
die sich nicht blenden
lassen wollen.

◄ ►

Es ist relativ einfach,
Gefühle zu entwickeln.
Aber es ist meist sehr schwer,
sie auch zu zeigen.

◄ ►

Aufgeblasene Menschen
leben in ständiger Angst
vor spitzen Bemerkungen.

◄ ►

Wie klein unsere Welt
eigentlich ist,
merken wir meist dann,
wenn wir große Dinge
vorhaben.

Wenn wir mit unseren Mitmenschen
zu rechnen beginnen,
merken wir erst,
wie unberechenbar sie
für uns sind.

◄ ►

Das Denkreservoir so mancher Menschen
besteht aus nichts anderem
als aus einer unübersehbaren Ansammlung
von Hintergedanken.

◄ ►

Der größte Luxus,
den wir uns leisten sollten,
besteht aus den unbezahlbar kostbaren
kleinen Freuden des Lebens.

◄ ►

Auch heute sind viele Menschen bereit,
auf etwas zu verzichten.
Das Schlechte daran ist nur,
dass es sich dabei
um eine ganze Menge Leben handelt.

Menschen,
die es uns nicht einfach machen,
werden der Einfachheit halber
als schwierig bezeichnet.

◄ ►

Große Worte
klingen am besten,
wenn sie auf
einen kleinen Hohlkopf
treffen.

◄ ►

Mit Gewalt kann man
viele Probleme lösen.
Das Problem ist nur,
dass man dadurch
noch mehr neue schafft.

◄ ►

Noch ist der Mensch
die Krone der Schöpfung,
bald nur noch die Krone.

Wer sein Leben dem Zufall überlässt,
darf sich nicht wundern,
wenn ihn das Leben –
zufälligerweise –
über lässt.

◄ ►

Die mit Abstand größte Minderheit
in unserem Land
ist die schweigende Mehrheit.

◄ ►

Bei Menschen, die von sich behaupten,
dass sie alle gleichbehandeln,
haben wir oft das schreckliche Gefühl,
dass sie wirklich alle gleich behandeln:
gleich schlecht.

◄ ►

Sag nicht,
dass du nichts ändern kannst.
Wenn du die Kraft hast,
dich zu ändern,
wird sich alles ändern.

Es ist lediglich wichtig,
dass wir richtig denken.
Falsch zu fühlen
gelingt uns ohnehin nicht.

◄ ►

Wir werden immer humaner.
Wir schlagen die Zeit
nicht mehr tot -
nur noch bewusstlos.

◄ ►

Wer im Hafen der Ehe
gelandet ist,
sollte nie vergessen,
dass die Heimat der Liebe
das offene Meer ist.

◄ ►

Die Liebe
ist in aller Munde,
obwohl sie dort eigentlich
gar nichts zu suchen hat.

Der einzige Maßstab
für die Größe einer Liebe
kann ausschließlich
die Maßlosigkeit sein.

◄ ►

Wer Angst hat,
etwas Falsches zu machen
oder etwas falsch zu machen,
hat bereits etwas falsch gemacht.

◄ ►

Die Pest unseres Jahrhunderts
ist die Gleichgültigkeit.

◄ ►

Heutzutage
kommen die meisten Geschenke
nicht mehr vom Herzen –
sondern vom Einkaufszentrum.

Die Ewigkeit der Jugend
besteht aus Augenblicken.

◄ ►

Der Sinn unseres Lebens
liebt im Da-Sein
und nicht im Dort-Haben.

◄ ►

Der Mangel an Gefühlen
entspringt meistens
einem Überfluss
an Phantasielosigkeit.

◄ ►

Von dir aus gesehen
bin ich
du.

Es ist wesentlich leichter,
aus Mücken Elefanten zu machen,
als umgekehrt.

< >

Gerade Menschen,
die mit ihrem Leben
nicht zu Rande kommen,
kommen leicht in Versuchung
sich für den Mittelpunkt der Welt
zu halten.

< >

Letzten Endes kommt es darauf an,
dass niemand mehr glaubt,
dass es auf ihn nicht ankommt.

< >

Die Welt wird immer kleiner.
Nur die Abstände zwischen uns,
die wachsen weiter.

Die Unmenschlichkeit beginnt,
wenn aus Menschen Leute werden.

⊰ ⊱

Dass jeder Mensch anders ist,
ist genauso falsch wie die Aussage,
dass alle gleich sind.

⊰ ⊱

Grenzenlos glücklich werden
können wir am einfachsten,
indem wir uns
auf die Liebe beschränken.

⊰ ⊱

Der Sinn des Lebens
liegt nicht darin,
dass wir ihn einmal finden,
sondern darin,
dass wir ihn
immer wieder suchen.

Es ist sinnlos,
über die Kälte um uns zu klagen,
solange wir nicht bereit sind,
uns füreinander zu erwärmen.

< >

Es bleibt nicht aus,
dass wir von anderen
in eine ihrer Schubladen
gesteckt werden.
Bedenklich wird es aber,
wenn wir uns dort
wie zu Hause fühlen.

< >

Wer mit sich selber nicht fertig wird,
kommt leicht in Versuchung,
andere fertig zu machen.

< >

Gewisse Menschen
können es sich nicht mehr leisten,
ein Auge zuzudrücken.
Sie wären sonst gänzlich blind.

Augustinus sagte:
„Liebe – und tu was du willst."
Wir sagen uns:
„Tu was du willst –
und nenne es Liebe."

◄ ►

In Bezug auf
einen herzerfrischenden
Umgang miteinander
leben wir längst
mitten in einer neuen Eiszeit.

◄ ►

Die Liebe wird von uns allen
großgeschrieben.
Klar, weil es die Rechtschreibung
so von uns verlangt.

◄ ►

Ein Dummkopf
denkt selten allein.

Für das Gelingen einer Partnerschaft
gibt es keine Rezepte.
Jeder braucht andere Zutaten.

<   >

Wer sein Leben wirklich
in die eigenen Hände nehmen möchte,
sollte sich zumindest vorher
die Glacéhandschuhe ausziehen.

<   >

Die mehr leisten als wir
sind durchwegs Verrückte,
die weniger leisten,
durch die Bank Versager.

<   >

Nur wer die Welt
in ihrer Tiefe versteht,
wird in ungeahnte Höhen
vordringen können.

Die Sprache des Herzens
können alle Menschen verstehen,
aber immer weniger
können sie noch sprechen.

◄ ►

Der beste Aussichtsturm
des Lebens
ist die Gelassenheit.

◄ ►

Der Mensch
lebt nicht vom Brot allein.
Sagen zumindest die,
die es im Überfluss haben.

◄ ►

Viele laufen
ihrem Lebenssinn davon –
und sind noch dazu
besonders stolz
auf ihren tollen Lebens-Lauf.

Heutzutage wird alles
genau bestimmt, zerlegt,
analysiert, durchleuchtet,
abgehandelt und abgewogen,
auseinandergenommen und eingeordnet.
Ist es da ein Wunder,
dass alles Stückwerk bleibt?

≺ ≻

Um Menschen,
die wir nicht leiden können,
machen wir gerne einen Bogen.
Pfeile gibt es ja mehr als genug.

≺ ≻

Wer glaubt, dem anderen ständig
seine Liebe beweisen zu müssen,
bricht eines Tages ganz sicher
unter seiner Beweislast zusammen.

≺ ≻

Unser Ärger
macht arge Menschen
noch ärger.

Wer keine Liebe sät,
hat kein Recht,
Liebe zu ernten.
Wer Liebe erntet,
kann gar nicht anders,
als immer wieder
Liebe zu säen.

Vorurteile, die nicht umzubringen sind,
bringen uns um –
oder zumindest
um eine ganze Menge Leben.

Letztendlich besteht unser Leben
aus nichts anderem als der ständigen Suche
nach Geborgenheit, Zuneigung und Sinn.

Wir können einem Menschen
nur dann alles geben,
wenn er nichts
von uns verlangt.

Es ist unglaublich,
dass wir Menschen,
die uns schwer im Magen liegen,
irgendwann einmal
zum Fressen gerngehabt haben.

◁ ▷

Wer Angst hat,
sein Gesicht zu verlieren,
sollte vorher genau schauen,
ob er überhaupt
noch ein eigenes hat.

◁ ▷

Wir glauben immer noch an Zufälle,
weil wir einfach nicht imstande sind,
an das nicht zufällige Dahinter
zu glauben.

◁ ▷

Liebe kann man nur haben,
wenn man sie gibt.
Liebe kann man nur geben,
wenn man sie hat.

Wenn wir unser Leben
auf uns zuschneiden,
passt es uns wie angegossen.
Denn es füllt uns erst aus,
wenn wir imstande sind,
es auszufüllen.

◄ ►

Auch ein gesundes Misstrauen
kann krank machen.

◄ ►

Wenn wir uns nicht entscheiden können,
sollten wir lieber den Augenblick für uns
entscheiden lassen.

◄ ►

Wer sich zu oft
in Frage gestellt fühlt,
findet mit der Zeit
nur noch schwer eine Antwort
auf die Frage
nach dem Sinn seines Da-Seins.

Wer sich
seiner Stärke bewusst ist,
braucht sich nicht immer
stark zu machen.

< >

Wir sind im Begriff,
aus unserer Um-Welt
eine Un-Welt zu machen.

< >

Wir dürfen nicht verlernen,
auf die Stille zu hören,
sonst sagt sie uns
nichts mehr.

< >

Wir können die Welten,
die uns voneinander trennen,
nicht vereinen,
aber wir können dafür sorgen,
dass wir gemeinsam
um einen Fixstern kreisen.

Die Stille stellt keine Fragen,
aber sie kann uns auf alles
eine Antwort geben.

◄ ►

Wenn wir wirklich wissen wollen,
was und wie ein bestimmter Mensch
über uns denkt,
brauchen wir ihn nur zu fragen,
was und wie er über andere denkt.

◄ ►

Alles wird teurer.
Nur unsere Ausreden,
die werden immer billiger.

◄ ►

Wir sollten uns erst dann
etwas in den Kopf setzen,
wenn es uns wirklich
am Herzen liegt.

Die Entfernung zur Sonne
ist für alle Menschen gleich,
die zum nächsten Menschen
nicht.

< >

Das Leben
geht an vielen Menschen vorbei,
weil diese ihm jedes Mal
aus dem Weg gehen,
wenn es auf sie zukommt.

< >

Der Unterschied
zwischen unseren Gedanken
und Gefühlen ist,
dass wir zwar weit denken,
aber nur nah fühlen können.

< >

Nichts gegen das Weich-Werden.
Aber wenn es
um den Kern geht,
müssen wir hart bleiben.

Gewisse Leute sind äußerst vielseitig.
Sie verstehen es vorzüglich,
uns das Zusammenleben mit ihnen
auf vielerlei Art und Weise
schwer zu machen.

— ✦ —

Es wäre bereits ein riesiger Fortschritt,
wenn wir so leben könnten,
dass unsere Hoffnungen den Zweifeln
immer einen Schritt voraus sind.

— ✦ —

Wer sein Leben ausschließlich
vom Hals aufwärts führt,
darf sich nicht wundern,
wenn ihm dieses dann mit der Zeit
beim Hals heraushängt.

— ✦ —

Das süße Leben
hat meist nur einen Haken:
Das Geld dazu
will sauer verdient sein.

Es ist sinnlos, dem Glück des Lebens
ohne Rücksicht auf Verluste nachzujagen.
Ihm entgegenzukommen
ist weit Ziel führender.

◄ ►

Wer den Glauben an die Zukunft
verloren hat,
findet auch in der Gegenwart
keinen Halt mehr.

◄ ►

Von Menschen,
die sich auf dem Holzweg befinden,
sollten wir nicht auch noch verlangen,
dass sie auf einen grünen Zweig kommen.

◄ ►

Wir brauchen nicht zu tun,
was andere von uns erwarten.
Es genügt vollkommen,
wenn wir tun,
was wir von den anderen
erwarten.

Jeder Mensch
hat seine eigene Weltanschauung,
aber nicht jede ist weltbewegend.

＜ ＞

Anzupassen
brauchen wir uns
lediglich den Dingen,
die nicht zu ändern sind.
Menschen
sind keine Dinge.

＜ ＞

Die Zukunft ist heute
auch nicht mehr das,
was sie früher einmal war.

＜ ＞

Wer keine eigene Meinung hat,
tut sich nicht schwer,
diese öfters zu wechseln.

Das auffälligste Zeichen
unserer Wegwerfgesellschaft
ist das Anhäufen von Dingen.

< >

Wer mit seinem Unglück
nicht fertig wird,
kann mit seinem Glück
nichts anfangen.

< >

Wer im rechten Moment
schweigen kann,
kann von Glück reden.

< >

Wenn ein Schwarz-Weiß-Denker
Farbe bekennen muss,
sieht er normalerweise
rot.

Wir könnten viele Hindernisse
auf unserem Lebensweg umgehen,
wenn wir nur wüssten,
wie wir mit ihnen
umgehen sollten.

◄ ►

Jeder Mensch
ist zugleich Täter und Opfer
seiner Gedanken und Gefühle.

◄ ►

Redefreiheit heißt nicht,
dass jeder schweigen kann,
wann, wo und wie er will.

◄ ►

Große Worte
verwenden mit Vorliebe jene,
die sich dahinter
verstecken wollen.

Jede lange und tiefe Beziehung
beginnt mit einem Kurzschluss
zwischen Herz und Hirn.

◄ ►

Auf der einen Seite
sitzen wir fest im Sattel.
Auf der anderen Seite
haben wir oft das Gefühl,
aufs falsche Pferd
gesetzt zu haben.

◄ ►

Dass wir uns zeitweise
wirklich nichts zu sagen haben,
darf uns nicht davon abhalten,
miteinander zu reden.

◄ ►

Gefühlsanalphabeten
reiten mit Vorliebe
auf den Buchstaben
der Gesetze herum.

Je mehr wir
auf die lange Bank schieben,
desto kürzer wird sie.

⋖ ⋗

Es ist eine ungeschriebene
Grundregel der Menschheit,
dass sich jeder Mensch
für eine Ausnahme hält.

⋖ ⋗

Unsere Lebenszeit verläuft sich,
wenn wir nicht imstande sind,
sie in sinnvolle Bahnen zu leiten.

⋖ ⋗

In der Praxis
ist vielen Menschen
die Theorie doch lieber
als die Praxis.

Über nichts wird mehr geredet
als über Dinge,
die nicht der Rede wert sind.

◄ ►

Die Enge
ängstlicher Gedanken
und Gefühle
ist ziemlich weit verbreitet.

◄ ►

Wir sind unserer Zeit
weit mehr schuldig
als einen randvollen
Terminkalender.

◄ ►

Das Nachdenken
bringt uns weiter,
sobald wir mehr
als die Hälfte davon
zum Vordenken verwenden.

Es ist für alle ein Glück,
dass jeder Mensch
auf seine Art
glücklich werden kann.

＜ ＞

Jeder Mensch ist eine Insel.
Liebende bringen es
in ihrem Leben
bis zur Halbinsel.

＜ ＞

Die geistige Blindheit
breitet sich weiter aus:
Immer mehr sehen nur noch,
was ihnen ins Auge springt.

＜ ＞

Alle Freiheiten sollten sich
nur die nehmen,
denen das Talent
zur Selbstbeherrschung
gegeben ist.

Der Gipfel unseres Lebens
ist dort,
wo uns die Liebe
Berge gibt.

< >

Wer den Sinn des Lebens sucht,
kommt nicht umhin,
sich auch mit dem Unsinn
herumzuschlagen.

< >

Wir würden sicher nicht mehr
besonders gut schlafen,
wenn wir sehen könnten,
wie viel ungelebtes Leben
in uns schlummert.

< >

Wir tragen zu viel Last
mit uns herum.
Kein Wunder,
dass uns das Leben
lästig wird.

Auf berechnende Menschen
kann man nur sehr beschränkt
zählen.

◄ ►

Es sind einprägende Erfahrungen,
wenn wir sehen,
dass auch unsere Nicht-Taten
Spuren hinterlassen.

◄ ►

Ein geliebter Mensch
hat viele Gesichter,
ein gehasster
nur eines.

◄ ►

Wir sollten viel
Fingerspitzengefühl einsetzen,
wenn wir anderen ordentlich
auf die Zehen steigen wollen.

Eines können
Alleskönner nicht:
Nachsicht üben.

◄ ►

Wer Spaß versteht,
versteht den Ernst des Lebens
besser als andere.

◄ ►

Menschen, die uns im Wege stehen,
sollten wir aufrichtiger begegnen
als jenen,
die uns aus dem Weg gehen.

◄ ►

Eines haben gescheite
und dumme Menschen gemeinsam:
Sie haben
keine Ahnung voneinander.

Die Macht der Gefühle
beruht auf ihrer
Unberechenbarkeit.

◅ ▻

Es ist fast nicht zu glauben,
was sich Menschen
alles einfallen lassen,
damit sie glauben können,
was sie glauben wollen.

◅ ▻

Ausgleichende Gerechtigkeit:
Was wir nicht erklären können,
können wir verklären.

◅ ▻

Nichts
ist höher zu schätzen
als eine tiefe
Begegnung.

Angesichts der Tatsache,
dass die Menschheit nicht fähig ist,
aus den Fehlern
der Vergangenheit zu lernen,
dürfen wir uns in Zukunft
keine Fehler mehr leisten.

⋖ ⋗

Vielleicht
ist das einzige Wort,
das man leicht geben –
und auch leicht halten kann.

⋖ ⋗

Unsere Misserfolge und Fehler
sind näher mit uns verwandt,
als wir wahrhaben wollen.

⋖ ⋗

Zu denken,
was wir hätten tun können,
ist eine Tätigkeit,
die uns zu denken geben sollte.

Wie soll jemand,
der die Gegenwart nicht nützt,
eine Zukunft haben?

≺ ≻

Wer immer mit der Mode gehen will,
sollte aufpassen,
dem Stoff-Wechsel-Virus
nicht zu erliegen.

≺ ≻

Wir verstehen manches
einfach nicht,
weil wir einfach nichts davon
wissen wollen.

≺ ≻

Es mangelt uns
wahrlich nicht
an Redestoff –
sehr wohl aber an Zuhörstoff.

Der moderne Mensch
ist leicht zu lenken,
aber nur schwer zu etwas
zu bewegen.

◄ ➤

Wer von Anfang an darauf setzt,
auf Kosten anderer
erfolgreich zu sein,
zahlt letzten Endes doch drauf.

◄ ➤

Nähe, die zur Enge wird,
wirkt tödlich.
Man kann auch an der Wärme
eines Menschen sterben.

◄ ➤

Wir lassen uns heutzutage
zu nichts mehr zwingen.
Und merken doch,
dass wir immer öfter
überwältigt werden.

Zwischen dem,

was wir für unser Leben brauchen,

und dem, was wir glauben,

für unser Leben zu brauchen,

besteht ein unglaublicher Unterschied.

◄ ►

Manche Menschen

kennen keine Grenzen.

Frei sind sie deswegen

aber noch lange nicht.

◄ ►

Werte sind wertlos,

wenn sie lieblos sind.

◄ ►

Eigentlich

ist das Leben ein Wunder,

über das man sich nicht genug

wundern kann.

Warum eigentlich

nur eigentlich?

Ein Gewissensbiss
ist eine zufällige Bekanntschaft
mit dem eigenen Machthunger.

< >

Neben dem Aberglauben
gewinnt die Aberliebe
immer mehr Anhänger:
Ich liebe ja, aber ...

< >

Unsere Oberflächlichkeit
macht uns sehr leicht
zu Sklaven der Äußerlichkeit.

< >

Der einfachste Weg,
Hindernisse zu umgehen ist,
sie als Sprungbrett zu benützen.

Es gibt tausend Gründe,
sich nicht zu ärgern.
Meist genügt aber ein einziger,
um das Gegenteil zu machen.

◄ ►

Bei uns sind Männer
und Frauen gleichberechtigt.
Besonders die Männer.

◄ ►

Wer hinter seinem Wort steht,
braucht seinen Standpunkt
nicht mehr verteidigen.

◄ ►

Schweigen ist peinlich,
wenn es ganz und gar
nichtssagend wirkt.

Sich einmal für die Liebe
entschieden zu haben, heißt auch,
sich täglich gegen die Gleichgültigkeit
zu entscheiden.

< >

Der Mist, den wir täglich bauen,
kann Früchte tragen,
falls wir ihn als Dünger
für unser Besser-Werden einsetzen.

< >

Fantasiebegabte Menschen sind
unendlich reich:
Sie verfügen über ein
riesiges Vorstellungs-Vermögen.

< >

Menschen, die wir
nicht leiden können,
enttäuschen unsere Erwartungen
viel seltener als die anderen.

Wer seine eigenen Grenzen
nicht kennt,
findet nur sehr schwer
die richtige Distanz zu anderen.

≺ ≻

Es ist weltbewegend,
dass wir zwar alle
auf einer einzigen Welt leben –
und doch jeder in seiner eigenen.

≺ ≻

Es sprechen bereits
alle Zeichen dafür,
dass die Zeichen der Zeit
gegen uns sprechen.

≺ ≻

Ob wir vom Leben
hart- oder weichgeklopft werden,
hängt davon ab,
ob wir hart oder weich sind.

Wir dürfen den anderen
nie mehr zumuten,
als wir auszuhalten
imstande wären.

◄ ►

Es ist bedenklich,
dass vielen das Denken vergeht,
sobald wir ihnen zu denken geben.

◄ ►

Dass wir mit dem Reichtum
an Gedanken und Gefühlen
so wenig anzufangen wissen,
ist ein Armutszeugnis für uns.

◄ ►

Der Stein des Anstoßes
ist meist nichts anderes
als ein Körnchen Wahrheit.

Gerade an Tagen,
an denen alles schief geht,
ist es unheimlich wichtig,
den aufrechten Gang
nicht aufzugeben.

◄ ►

Die Wahrheit bricht,
sobald wir versuchen,
sie für uns zurechtzubiegen.

◄ ►

Die ärgste Krankheit,
von der ein Mensch
befallen werden kann,
ist die Gleichgültigkeit.

◄ ►

Es ist sinnlos,
eine Sache überschlafen zu wollen,
wenn sie einem bereits
den Schlaf raubt.

Die Meinungen über Meinungsfreiheit
gehen oft so weit auseinander,
dass sie gar nichts mehr
miteinander zu tun haben.

◄ ►

Der Glaube versetzt Berge.
Der Aberglaube versetzt
Menschen.

◄ ►

Jeder Mensch kann,
wenn er nur will,
seinen Horizont erweitern.
Er braucht lediglich
über sich hinauswachsen.

◄ ►

Die Entwicklungschancen
einer Beziehung
sind umso größer,
je mehr Chancen wir
ihrer Entwicklung geben.

Die Mitte unseres Lebens
können wir erst finden,
wenn wir unsere Grenzen
heimgesucht haben.

❧

Wer es nicht schafft,
sich selbst auf den Grund zu gehen,
geht irgendwann
an seiner Oberflächlichkeit
zugrunde.

❧

Wir reden oft
am Eigentlichen vorbei,
weil wir beim besten Willen
nicht wissen, was wir
eigentlich sagen wollen.

❧

Was einen Menschen
tief berührt,
führt unweigerlich
zu ungeahnten Höhenflügen.

Die einfachste Möglichkeit,
den Alltag von seiner Alltäglichkeit
zu befreien ist,
ein sonntägliches Gemüt
an den Tag zu legen.

◄ ►

Der Jammer mit den
Weltverbesserern ist,
dass diese die Welt
schlechter machen,
als sie in Wirklichkeit ist.

◄ ►

Die Macht der Gewohnheit:
Wir geben unsere Laster
nicht einmal auf,
wenn sie uns lästig werden.

◄ ►

Ein erster Fortschritt:
Wir sind über unsere Uneinigkeit
einig geworden.

Wer bereits alles versteht,
braucht nichts mehr
zu begreifen.

◄ ►

Es kann nicht gesund sein,
ständig auf irgendjemand
angefressen zu sein.

◄ ►

Es spricht eindeutig
für einen Menschen,
wenn er eine ganze
Menge Dummköpfe
gegen sich hat.

◄ ►

Wer weiß,
wie wichtig er ist,
braucht sich nicht
wichtig zu machen.

Wir lassen unseren Gedanken
gerne und oft freien Lauf.
Und vergessen oft,
sie wieder einzusammeln.

◄ ►

Der größte Erfolg des Zeitgeistes:
Alle haben Uhren –
niemand hat Zeit.

◄ ►

Kleine Fehler
können nützlich sein,
wenn wir durch sie
die großen
in den Griff bekommen.

◄ ►

Die Sensationen von heute
sind die Langweiler
von morgen.

Ein erfülltes Leben
ist keine Folge der Erfüllung
aller Wünsche.
Es ist die Frucht
eines mit Liebe
erfüllten Herzens.

◄ ►

Die wichtigsten Reisen
im Leben jedes Menschen
sind die vom Ich zum Du.

◄ ►

Es ist zweifelsohne ein Fehler,
dass wir unsere Zweifel
so selten in Zweifel ziehen.

◄ ►

Sich einem Menschen
ganz zu öffnen, heißt auch,
ihn in unser Herz zu schließen.

Sinnlichkeit
ist die Eintrittskarte
zum Garten der Gefühle.

◄ ►

Zeit hätten wir genug,
aber wir lassen sie uns
allzu leicht stehlen –
und sind noch stolz darauf,
keine Zeit zu haben.

◄ ►

Weil wir hart dafür arbeiten müssen,
um zu den Gewinnern zu zählen,
verlieren wir leicht unsere Beziehung
zum Geschenk Leben.

◄ ►

Die schwierigste Aufgabe,
die jeder Mensch zu bewältigen hat,
ist die, nie aufzugeben.

Wenn wir die Bruchstücke
glücklicher Augenblicke
zusammensetzen,
kann daraus ein Mosaik werden,
das uns unser ganzes Glück
zeigen kann.

◄ ►

Viele Menschen wissen gar nichts
von ihren Lieblingsfehlern,
weil sie sie für Vorzüge halten.

◄ ►

Wir können uns wirklich
nicht alles zu Herzen nehmen,
weil wir sonst alles begraben,
was uns wirklich am Herzen liegt.

◄ ►

Gerade was wir unbedingt
und schnell vergessen möchten,
bleibt uns lange in Erinnerung.

Eine tiefe Beziehung
kann nur lange halten,
wenn sie täglich
neu begonnen wird.

＜ ＞

Mit allen Menschen
kommen alle Menschen gut aus.
Probleme ergeben sich nur
mit gewissen Leuten.

＜ ＞

Unsere Zufriedenheit
ist eine ständige Gratwanderung:
immer zufrieden zu sein –
sich aber nie zufrieden zu geben.

＜ ＞

Wir wissen natürlich
um die Wichtigkeit und Kostbarkeit
unvergesslicher Augenblicke.
Aber wir haben einfach
keine Zeit dazu.

Die Liebe

ist der größte Schatz des Menschen.

Ist nur schade,

dass wir unsere Schätze so gut

vor den anderen verstecken.

◄ ►

Der Lauf der Welt

kann keine Entschuldigung dafür sein,

dass wir versuchen,

unseren Problemen davonzulaufen.

◄ ►

Das Budget unseres Lebens gerät

immer mehr aus allen Fugen:

Wir verlangen einfach viel mehr,

als wir zu geben bereit sind.

◄ ►

Es ist erlaubt, Fehler zu haben.

Aber es ist strengstens verboten,

Fehler zu machen.

Das Leben kann uns
viel Freude bereiten,
wenn wir bereit sind für das,
was es für uns bereithält.

◅ ▻

Der Reichtum des Lebens
liegt in unseren Beziehungen,
auch wenn wir gerade dort
oft schmerzlich unsere Armut
zu spüren bekommen.

◅ ▻

Die Erschaffung der Welt
ist noch nicht abgeschlossen.
Sie wartet noch
auf unsere Beiträge.

◅ ▻

Auf der hohen See der Liebe
ist es lebenswichtig,
mit den Gezeiten der Sehnsucht
befreundet zu sein.

Im Durchschnitt
hat jeder Mensch
genug Glück.
Was die einen zu viel haben,
haben die anderen zu wenig.

◅ ▻

Es gibt keine unbedeutenden Menschen
in unserer Gesellschaft:
Jeder kann wichtige Dokumente
vorweisen.

◅ ▻

Immer recht zu haben
ist leider etwas,
das uns nur sehr selten
zustößt.

◅ ▻

Wenn das Geld die treibende Kraft
im Leben ist,
wird der Mensch unweigerlich
zu einem Getriebenen.

Wir müssen immer wieder
Schluss machen,
weil sonst am Schluss für uns
zu viel zusammenkommt.

<><

Die Inflationsrate unseres Denkens
steigt rapid an:
Wir kommen vom Hundertsten
ins Tausendste.

<><

Das wirkungsvollste Mittel,
sich Probleme dauernd
vom Leibe zu halten ist,
ihnen sofort
zu Leibe zu rücken.

<><

Das Gefährlichste an der Suche
nach der Liebe seines Lebens
ist die Versuchung,
sich in die Suche zu verlieben.

Die Liebe will immer hoch hinaus.
Deswegen berührt sie uns auch
so tief.

＜ ＞

Nichts in unserem Leben
ist so einfach,
dass wir nicht imstande wären,
es kompliziert zu machen.

＜ ＞

Unsere Talente
gedeihen am besten,
wenn sie in einem
Klima der Herzlichkeit
aufwachsen können.

＜ ＞

Menschliches Zusammenleben
verlangt nach Anpassung.
Das Gefährliche daran ist nur
das menschliche Verlangen
nach Gleichmacherei.

Das wirksamste Stärkungsmittel
für unsere Schwächen
ist ein gesundes Selbstvertrauen.

◅ ▻

Wir müssen damit rechnen,
dass andere mit uns rechnen.
Wir können aber entscheiden,
ob wir für sie
ein Plus oder Minus sind.

◅ ▻

Dummköpfe
sind Denkerköpfen
weit überlegen.
Zahlenmäßig.

◅ ▻

Wer ins Innere des Lebensglücks
vorgedrungen ist,
kommt aus dem Staunen
nicht mehr heraus.

Gefühle brauchen
eine Landebahn.
Sonst stürzen sie sehr schnell
Herz über Kopf ab.

◄ ►

Was unser Leben so erschwert,
ist oft nichts anderes
als die Leichtigkeit,
mit der wir einander weh tun.

◄ ►

Mit Menschen,
die uns besonders nahestehen,
müssen wir uns ganz besonders
auseinandersetzen.

◄ ►

Wer glaubt,
den Überblick über alles zu haben,
leidet höchstwahrscheinlich
an einem Mangel an Durchblick.

Menschen,

die uns Halt geben,

verdienen es wirklich,

dass wir an ihnen festhalten.

◄ ►

Es liegt allein an uns,

ob wir aus den vielen Steinen,

die wir einander in den Weg legen,

Mauern oder Brücken bauen.

◄ ►

Die Kraft der Liebe

wirkt deshalb so befreiend,

weil sie es schafft,

sogar Ausgeschlossenes

mit einzuschließen.

◄ ►

Die wirkungsvollste Energiequelle

unseres Lebens ist und bleibt

die menschliche Wärme.

Das Lebensziel vieler Menschen
ist heutzutage nicht mehr,
gut zu sein –
sondern es gut zu haben.

◄ ►

Sich für völlig normal zu halten,
ist die mildeste Form
des Verrücktseins.

◄ ►

Oft sind es richtige Gedanken,
die einen Rattenschwanz
falscher Hoffnungen wecken.

◄ ►

Sich seines
eigenen Verstandes
zu bedienen,
verlangt weit mehr Hirn
als die Benützung
fremder Gedankengänge.

Einerseits gibt es
zum Gipfel der Geschmacklosigkeit
keinen Lift.
Anderseits geht es bis dorthin
sowieso ständig bergab.

◄ ►

Erfüllte Erwartungen
lassen nach ihrer Erfüllung
oft eine nicht erwartete Leere zurück.

◄ ►

Wir müssen nicht nur mit dem leben,
was wir haben,
sondern auch mit dem,
was uns fehlt.

◄ ►

Der Sprung
über den eigenen Schatten
gelingt leichter,
wenn wir ihn für jemand wagen,
der Licht in unser Leben bringt.

Für Negativdenker
ist die Zufriedenheit nichts anderes
als eine Ununzufriedenheit.

◄ ►

Am besten verstehen wir uns
mit jenen Menschen,
die es verstehen,
uns Verständnis entgegenzubringen.

◄ ►

Es ist durchaus vernünftig,
Vernunft anzunehmen,
falls man merkt, dass die anderen
zu wenig davon haben.

◄ ►

Oft können wir
das Einfache
einfach nicht begreifen,
weil es uns einfach
zu einfach erscheint.

Eigentlich ist die Sprache
ein Ausdrucksmittel.
Leider wird sie aber sehr oft
als Eindrucks-
und sogar als Druckmittel
missbraucht.

◄ ►

Die Gegenwart ist,
woran wir uns in Zukunft
erinnern werden.

◄ ►

Was unsere Gedanken wert sind,
können wir erst ermessen,
wenn wir sie preisgegeben haben.

◄ ►

Wer seinen eigenen Weg geht,
muss einfach damit leben lernen,
dass ihm andere immer wieder
in die Quere kommen.

Die mit Abstand
beste Nerven-Heil-Anstalt
ist die freie Natur.

⊰ ⊱

Das Gute eines Menschen
kommt meist erst zum Vorschein,
wenn wir es verstehen,
das Gute in ihm anzusprechen
und herauszufordern.

⊰ ⊱

Wie weit wir uns bereits
von der Natur entfernt haben,
beweist auch die Tatsache,
dass wir bereits vieles
instinktiv falsch machen.

⊰ ⊱

Mit manchen Zeitgenossen
kann man stundenlang reden,
ohne mit ihnen
ins Gespräch zu kommen.

Wichtige Fragen
sollten wir uns unter keinen Umständen
von anderen zerantworten lassen.

◄ ►

Misstrauen
ist in jeder Beziehung
ein äußerst mächtiger Grundstein
für einen Trümmerhaufen.

◄ ►

Überlegen –
und schon ist man vielen
nicht mehr unter-,
sondern überlegen.

◄ ►

Wer seinem Leben
Gewicht verleihen will,
muss sich unbedingt selber
in die Waagschale werfen.

In uns allen steckt
ein Stück Schöpfungsgeschichte.
Jeder hat seinen eigenen
Urknall.

◄ ►

Geduld ist etwas Abnormales:
Wer keine hat,
verliert sie am schnellsten.

◄ ►

Bei manchen Leuten
ist es ein unheimlich
beruhigendes Gefühl zu wissen,
dass jeder Mensch ein-malig ist.

◄ ►

Leere Köpfe
stehen nur deswegen hoch im Kurs,
weil in ihnen viel mehr Vorurteile
Platz haben als in anderen.

Wir hätten uns
so viel zu sagen!
Aber es hört uns ja
niemand zu!

◄ ►

Manche verstricken sich
so tief in Oberflächlichkeiten,
dass sie den Faden
zu ihrem Inneren verlieren.

◄ ►

Wo wir Verständnis finden,
brauchen wir nicht mehr
nach Worten zu suchen.

◄ ►

Je besser wir uns
mit einem Menschen
verstehen,
desto besser verstehen wir auch,
dass wir ihn nie
ganz verstehen werden.

Nichts ist leichter,
als sich das Leben schwer zu machen:
Man braucht sich lediglich
negative Gedanken
in den Kopf setzen.

◄ ►

Starke Gefühle
sind eine enorme Gefahr
für unseren Denkapparat.
Sie lassen sich einfach
nicht mehr wegdenken.

◄ ►

Wir kennen unsere
Fehler und Schwächen
ganz genau.
Vom Wegschauen.

◄ ►

Es spricht nichts
gegen ein Leben für etwas.
Ganz im Gegenteil.

Immer mehr kritisieren,
dass heutzutage
immer mehr kritisiert wird.

◄ ►

Die Angst,
für dumm gehalten zu werden,
hält uns oft davon ab,
uns gescheit zu verhalten.

◄ ►

Über Dinge,
von denen man nichts versteht,
muss man – logischerweise –
viel länger und öfter reden
als über andere.

◄ ►

Wir wissen noch immer nicht,
wie viel es geschlagen hat.
Es ist nämlich erst
fünf vor zwölf.

Kleine Sorgen
können deshalb so groß werden,
weil wir sie unentwegt
mit unserer Aufmerksamkeit füttern.

◄ ►

Heutzutage will jeder
sein Fell möglichst teuer verkaufen.
Kein Wunder,
dass die meisten nicht mehr wissen,
was recht und billig ist.

◄ ►

Immer mehr leiden
an einer Überfunktion
ihrer Abstumpfungs-Drüse.

◄ ►

Nichts in unserem Leben
geschieht ohne Grund.
Der Rest ist Zufall.

Wo die Macht der Gewohnheit
das Sagen hat,
kommt das Außergewöhnliche
nicht mehr zu Wort.

◄ ►

Das Bild, das wir uns
von einem bestimmten Menschen machen,
fällt umso leichter aus dem Rahmen,
je schwerer wir uns tun,
dieses Bild zu erweitern.

◄ ►

Heutzutage kann sich jeder Mensch
jeden Wunsch erfüllen.
Er braucht dazu lediglich
jede Menge Versandhauskataloge.

◄ ►

Die günstigste Lebensversicherung:
Wenn uns das Leben etwas gibt,
kann uns das niemand mehr nehmen.

Die Macht des Geldes
zu vergöttern,
ist zweifelsohne ein kapitaler
Fehler.

◄ ►

Die Hölle,
das ist der Himmel,
den man mit niemandem
teilen kann.

◄ ►

Dass die Kriminalität
auch in unserer nächsten
Umgebung weiter zunimmt,
können wir auch daran erkennen,
dass uns immer mehr Mitmenschen
gestohlen bleiben können.

◄ ►

Die Zeit läuft.
Es ist also sinnlos,
mit ihr gehen zu wollen.

Noch führen wir gegen den Tod
eins zu null.
Doch der Ausgleich ist nur noch
eine Frage der Zeit.

◄ ►

Nichts gegen feste Standpunkte.
Aber sie sollten unter keinen Umständen
mit bequemen Liegewiesen
verwechselt werden.

◄ ►

Die Natur geht von Natur aus
ziemlich verschwenderisch
mit ihren Reichtümern um.
So gesehen sind wir durchaus
überaus natürliche Wesen.

◄ ►

Wo sich die Gleichgültigkeit
mit der Lieblosigkeit verbrüdert,
ist es aus und vorbei mit jeder Art
von Geschwisterlichkeit.

Manche Mitmenschen
erleichtert es ungeheuer,
wenn sie sich bei uns
über irgendwen und irgendwas
beschweren können.

◄ ►

Schöne Erinnerungen
sind die beliebtesten
Hoffnungsträger
unserer Vergangenheit.

◄ ►

Zuversicht
ist Einsicht
auf Aussicht.

◄ ►

Freiheit heißt auch,
sich seine Abhängigkeiten
selbst wählen
zu dürfen.

Unser Verlangen nach Freiheit
ist oft so groß,
dass wir uns dafür
sogar versklaven lassen.

< >

Leute sind Menschen,
mit denen wir zu tun haben,
obwohl wir mit ihnen
nichts zu tun haben wollen.

< >

Es ist gar nicht auszudenken,
was unsere Gedanken aus uns
zu machen imstande wären,
wenn wir imstande wären,
etwas aus ihnen zu machen.

< >

Der Unterschied
zwischen zu viel und zu wenig
ist viel zu wenig bekannt.

Manche geben erst Frieden,
wenn wir ihnen
den Krieg erklärt haben.

◅ ▻

Immer mehr ziehen es vor,
sich in die Schwierigkeiten,
die andere mit ihnen haben,
prinzipiell nicht einzumischen.

◅ ▻

In unserem
fortschrittlichen System
steckt ziemlich viel.
Unter anderem
auch ziemlich viel
Chaos.

◅ ▻

Leute, die nur sehr schwer
zu ertragen sind,
muss man ganz einfach
auf die leichte Schulter nehmen.

Eine vielsagende Arbeitsteilung:
Die einen haben das Sagen –
die anderen das Schweigen.

◄ ►

Unser Gerechtigkeitssinn
sollte lieber nicht so weit gehen,
dass wir mit uns
genauso schlecht umgehen
wie mit vielen anderen.

◄ ►

Hoffnungen
sind Schwerkräfte,
die uns nach oben ziehen.

◄ ►

Der Unterschied
zwischen Theorie und Praxis
ist in der Praxis weit höher
als in der Theorie.

Gleichberechtigt
wollen alle sein.
Gleichverpflichtet –
nicht.

◄ ►

Manche sind so voller Tatendrang,
dass sie aus einem Problem,
das gar keines ist,
zu ihrer Beruhigung
gleich mehrere machen.

◄ ►

Normale Menschen
gewinnen immer mehr an Wert.
Sie werden immer seltener.

◄ ►

In unserer Geldgesellschaft
werden einem Menschen nur noch
zwei Seiten zugebilligt:
eine Haben- und eine Sollseite.

Die neue Seuche:
Geldsucht.

Der mit Abstand
wichtigste Raum im Weltall
ist der zwischenmenschliche.

Je näher wir
einem Menschen stehen,
desto deutlicher merken
wir auch, was alles
zwischen uns liegt.

Bei vielen hat man
unweigerlich das Gefühl,
dass sie Nächstenliebe
ÜBEN.

Unsere Zukunft
hängt in erster Linie davon ab,
was wir heute
denken, fühlen und tun.

       ◄ ►

Es sind unsere Fragen,
die darüber entscheiden,
ob wir ein Ja oder ein Nein
zur Antwort bekommen.

       ◄ ►

Es gibt kein Mittel
gegen die Dummheit.
Aber es wirkt.

       ◄ ►

Wer Gutes im Sinn hat,
kann leichter
sein Bestes geben.

Wir brauchen unsere Schubladen.
Aber Menschen haben dort
weder etwas verloren –
noch etwas zu suchen.

<　>

Der Unterschied zwischen
einem Pessimisten und einem Optimisten
besteht darin,
dass beide alles für möglich halten.

<　>

Das Spiel mit dem Feuer
ist in erster Linie etwas für jene,
die bereits mit allen Wassern
gewaschen sind.

<　>

Von dem,
was sein könnte,
können wir nicht leben.

Wer alles satt hat,
spürt die Leere in sich.

                ◄ ➤

In jedem Menschen
steckt etwas Gutes.
Nur bleibt es bei vielen
irgendwo stecken.

                ◄ ➤

Das Leben ist durch
und durch gerecht.
Es ist immer genauso schwer –
oder genauso leicht –
wie wir es nehmen.

                ◄ ➤

Siege
werden davongetragen.
Niederlagen hingegen
müssen eingesteckt werden.

Jeder Mensch vermag uns
viel mehr zu sagen,
als wir zu hören imstande sind.

◄ ►

Die interessantesten und
meistversprechenden Rundungen,
die ein Mensch haben kann,
sind seine Augen.

◄ ►

Eine Gesellschaft,
in der nur
das Geld etwas wert ist,
ist nichts wert.

◄ ►

Das Nebensächliche
macht riesige Fortschritte.
Wir entfernen uns immer weiter
vom Wesentlichen.

Die Kostbarkeit der Gegenwart
ergibt sich aus der Gewissheit,
dass das Heute morgen
ein Gestern sein wird.

◄ ►

Gemeinsam
schweigen können:
ein äußerst vielversprechendes
Abenteuer.

◄ ►

Es geht bergauf
mit uns.
Die Luft zum Leben
wird immer dünner.

◄ ►

Wir unterschätzen
unseren Einfluss
total.
Zumindest den auf uns.

Wer weiß,
welche Rolle er
im Leben anderer spielt,
braucht ihnen
nichts vorspielen.

◄ ►

Wir sollten unsere Gefühle
nicht im Regen stehen lassen.
Sie gehören überdacht.

◄ ►

Was uns niederdrückt,
bringt uns nicht weiter.

◄ ►

Manchen Menschen
gelingt es mit
schlafwandlerischer Sicherheit,
ihre Träume in Alpträume
zu verwandeln.

Es ist gefährlich,
anderen etwas vorzumachen.
Sie könnten auf die Idee kommen,
es uns nachzumachen.

≺ ≻

Wir können tun, was wir wollen.
Wenn wir tun, was zu tun ist.

≺ ≻

Das Geheimnis
einer lebendigen Beziehung:
zeitweise Federn lassen –
und doch immer
aufeinander fliegen.

≺ ≻

Unsere Möglichkeiten
sind begrenzt.
Von dem, was wir
für unmöglich halten.

Es ist keine Frage,
dass jede Antwort, die wir geben,
unsere Verantwortung
nach sich zieht.

◄ ►

Die ungeheure Musikalität
des Zeitgeistes
zeigt sich vor allem
in seiner Taktlosigkeit.

◄ ►

Wir sind es unserer Glaubwürdigkeit
schuldig,
dass wir dem Glauben jedes einzelnen
mit Würde begegnen.

◄ ►

Was uns von anderen trennt,
sehen wir sofort.
Was uns mit anderen verbindet,
erkennen wir erst,
wenn wir uns mit ihnen
verbunden fühlen.

An Menschen
mit herausragenden Ecken und Kanten
können wir viel besseren Halt finden
als an rundum angepassten.

◄ ►

Wir sollten so reden,
dass wir dem,
was wir zu sagen haben,
unser Wort geben können.

◄ ►

Wir sollten unsere Fühler
möglichst oft ausstrecken:
nach außen –
und nach innen.

◄ ►

Anderen unbedingt
seinen Stempel aufdrücken zu wollen,
ist nichts anderes
als ein sichtbares Zeichen
der eigenen Unsicherheit.

Menschen gehören
menschlich behandelt.
Aber wie behandelt man
Leute?

◄ ►

Der Mensch kann gar nicht
das Maß aller Dinge sein.
Erstens ist er kein Ding,
zweitens maßlos.

◄ ►

Gerade geradlinige Menschen
merken sehr bald,
dass der Lauf des Lebens
in den Kurven entschieden wird.

◄ ►

Der einzige Hemmschuh,
unser Leben
in die Hand zu nehmen,
ist unser Kopf.

Der Unterschied
zwischen Glück und Unglück
hält sich in Grenzen.
Er beträgt nämlich nur
zwei Buchstaben.

◄ ►

Die Bäume wachsen
heutzutage
nicht mehr in den Himmel.
Nur noch ins Ozonloch.

◄ ►

Unsere Oberflächlichkeit
macht uns sehr leicht
zu Sklaven der Äußerlichkeiten.

◄ ►

Im Durchschnitt hat jeder Mensch
genug Glück.
Was die einen zu viel haben,
haben die anderen zu wenig.

Die Armut vieler
gipfelt im Reichtum
weniger.

◄ ►

In unserer verrückten Gesellschaft
ist es ganz normal,
dass sogar normale Menschen
verrückt spielen.

◄ ►

Wer kein Ziel vor Augen hat,
kann auch keinen Weg
hinter sich bringen.

◄ ►

Alle Freiheiten
sollten sich nur jene nehmen,
denen das Talent
zur Selbstbeherrschung
gegeben ist.

Jeder Mensch
ist aus einem anderen Holz geschnitzt,
und doch stammen wir alle
aus ein und demselben Wald.

⋖ ⋗

Manche Leute erzählen uns
so lange das Blaue vom Himmel,
bis uns schwarz vor den Augen wird
und wir rot sehen.

⋖ ⋗

Es ist ein äußerst
glücklicher Umstand,
dass die meisten Menschen
mehr Glück als Verstand haben.

⋖ ⋗

Das Band der Liebe
hält sehr viel aus.
Sobald aber Bedingungen
daran geknüpft werden,
zerreißt es.

Täglich ein paar Mal vor Wut zu kochen,
ist auch eine Möglichkeit,
sich den Appetit aufs Leben
zu verderben.

◅ ▻

Die Kunst des Lebens besteht auch darin,
die Höhen unseres Denkens
mit den Tiefen unserer Gefühle
in Einklang zu bringen.

◅ ▻

Es kommt nicht darauf an,
dass wir uns gegenseitig etwas schenken.
Es kommt darauf an,
ob wir imstande sind,
uns gegenseitig etwas zu geben.

◅ ▻

Kleine Missverständnisse
schafft man am einfachsten
durch größeres
Verständnis füreinander
aus der Welt.

Unsere Sinn-Gebung
ist eng verbunden mit
unserer Wahr-Nehmung.

— ⋗ —

Unübersehbare Spuren
hinterlassen wir dann,
wenn wir den Mut haben,
Wege zu gehen,
die vor uns noch niemand
gegangen ist.

— ⋗ —

Für vieles offen sein,
heißt nicht,
alles zulassen.

— ⋗ —

Je mehr unsere Gedanken
ausschließlich
um unser Ich kreisen,
desto weiter entfernen wir uns
vom Kern unseres Daseins.

Wer etwas sagen kann,
ohne sprechen zu müssen,
ist nur sehr schwer
zum Schweigen zu bringen.

◅ ▻

Je kleiner das Denkvermögen,
desto größer der Reichtum
an Ahnungslosigkeit.

◅ ▻

Besonders bei jenen,
auf die wir stehen
und die uns liegen,
laufen wir Gefahr,
dass wir zu weit gehen.

◅ ▻

Luftschlösser,
so groß sie auch sein mögen,
bieten höchstens Platz
für einen einzigen Menschen.

Die ganz genaue Festschreibung der Gesetze
ist unheimlich wichtig für uns alle.
Wir könnten sie sonst
nicht so geschmeidig umgehen.

◄ ►

Für Zeitgenossen,
die mit allen Wassern gewaschen sind,
sollte man seine Hand lieber nicht
ins Feuer legen.

◄ ►

Wenn wir bedenken,
was wir in unserem Leben
bereits alles gesät haben,
können wir uns bereits
recht gut ausmalen,
was uns noch alles blühen wird.

◄ ►

Was wirklich los ist mit uns,
wissen zu unserem Pech
viele andere viel früher,
besser und genauer.

Eine neue
Wohlstandskrankheit:
der Hunger
nach Angefressensein.

◄ ►

Die Größe unserer Probleme
ist in erster Linie
ein Problem unserer Größe.

◄ ►

Noch nie war
der Kontaktreichtum
der Menschen
so ausgeprägt wie heutzutage -
besonders der
der Wackelkontakte.

◄ ►

Zündende Ideen
werden im Idealfall
durch Gedankenflug
ausgelöst.

Was ein Mensch wirklich
wert ist,
kann man erst ermessen,
wenn man ihn wirklich
schätzt.

◅ ▻

Wer alle in den Schatten
stellen will,
hat keine Zeit mehr,
die Sonne zu genießen.

◅ ▻

Dampfplauderer
können nur sehr schwer
verschweigen, dass sie
nichts zu sagen haben.

◅ ▻

Geradlinigkeit
ist der kürzeste Weg,
andere zu veranlassen,
einen Bogen
um uns zu machen.

Der erste Schritt
auf dem Weg zur Liebe
ist der Sprung
über den eigenen Schatten.

◄ ►

Wir sollten froh darüber sein,
dass die anderen
nicht so sind wie wir.
Denn sonst wären wir
wie sie.

◄ ►

Oberflächliche Gedanken
können zu allem Möglichen führen,
nur nicht zu
tiefgehenden Einsichten.

◄ ►

In den richtigen Händen
befinden wir uns,
wenn wir auf eigenen Füßen
stehen können.

Es ist ein Irrglaube,
dass unsere Probleme
kleiner werden,
wenn wir sie lange genug
lang- und breittreten.

◄ ►

Ein Reichtum,
den wir viel zu wenig schätzen:
Was uns bereits alles
erspart geblieben ist.

◄ ►

Wenn wir es uns
einfach machen wollen,
sagen wir einfach:
Das ist ziemlich kompliziert.

◄ ►

Viele versäumen
Wichtiges in ihrem Leben,
weil es ihnen
ungeheuer wichtig ist,
nichts zu versäumen.

AKTUELLE ERNST FERSTL APHORISMENBÄNDE:

2014: „Ausgedrückte Eindrücke", BOD

2015: „Punktgenau", BOD

2017: „Wenn ein Wort sitzt,
kann man es stehen lassen",
Bellaprint V.

2018: „Andenken", BOD

ERNST FERSTL

HP: www.gedanken.at
E-Mail: ernstferstl@aon.at

Geb. 1955 in Neunkirchen (NÖ),
lebt mit seiner Familie
in Zöbern/Bucklige Welt,
Lehrer an der HS und NMS Krumbach,
Pensionierung 2017.

Schreibt Aphorismen,
Gedichte und Kurztexte.

Veröffentlichte bisher mehr als 30 Bücher
in österreichischen und deutschen Verlagen.